JN411073

이 그물을 어찌하랴

문학의전당 시인선 47
이 그물을 어찌하랴

초판인쇄 2008년 5월 10일
초판발행 2008년 5월 15일

지 은 이 김정신
펴 낸 이 김충규
펴 낸 곳 문학의전당
출판등록 제387-2003-00048호(2003년 9월 8일)

주 소 152-841 서울특별시 구로구 구로6동 97-1 로얄프라자 206호
전화번호 02-852-1977
팩시밀리 02-852-1978
블 로 그 http://blog.naver.com/mhjd2003
전자우편 mhjd2003@naver.com

I S B N 978-89-91006-87-4 03810

김정신 시집

문학의전당

自序

결코 호락호락
자신의 몸을 내보여주지 않는
나의 시여!

오랫동안 아프고 고통받았던 것을
정리하는 마음으로 엮는다.

그 동안 빚진 분들께
조그만 위안이 될 수 있다면……

2008년 봄
김정신

차례

1부

2부

3부

4부

5부

1부

최초의 안경

내가 낀 최초의 안경은
산
나무
들판
쇠비름
그 속에 해 직각으로
떨
어
지
고

삼다도에 떠오르는 맨살의 언어

바람 먹고 집 나간 남편
자갈밭에서 뒹구는 자식들
그 속을 한평생 자맥질하는 여자

최초의 언어인 초록 속의 빨강

이 몸 슬프게도 비린내가 없어

이 몸 슬프게도 비린내가 없어 산사에 서니 그 옛날 아버지의 그물에 얽히고설킨 가족들 울음소리 바람결에 밀려오고, 낚싯바늘 같은 남자에 걸려 생선 뼈다귀들이 톡톡 튀는 새벽, 새마을 노랫가락에 성 쌓고 헤치기를 거듭하는 어부들의 마작판 뒤로 부둣가에서 시장 길로 달리던 절망과 공포, 열탕 속으로 까무러치며 달려가던 저 1980년 대학 1년 때의 여름, 천지를 뒤흔들던 그 냄새 역겨워 사다리 타고 다락방 책 속으로 숨었어요 한 바다의 무서운 폭풍과 싸우면서 백골의 대어大魚 끌고 온 산티아고, 엉망이 된 손은 끝없이 사자 꿈을 꾸고, 마흔 살 산사의 종소리는 푸른 지느러미로 찾는 이들 가슴속을 헤엄치는데 풍경소리 따라 아가미를 열어봐요 끊겼다 이어지며 풍겨오는 비린내 토할 것만 같아요 떨어져 내리는 은행잎 비늘 위에 한 겹씩 벗겨져나가는 生의 비늘 아, 이 몸 슬프게도 금빛 찬란한 비린내 풍기며 험한 세상 헤쳐 온 어머니 보러 하류로 하류로 저어가야겠어요

어부의 잠 1

어부는 바다에서만 잠을 자고
가족 두고 떠난 이국에서도
태아처럼 오므린, 밤낮 징그러운 잠만 자고
식구들 입이 터지도록
오늘도 소식 없는 제주바다는
기어이 태풍의 눈으로 일어선다
(빈 배 빈 그물 밑으로 가라앉는 물고기 떼……)

이제 아버지의 바다는 한 평짜리 방이다
아버지는 그곳에서 헤엄친다
게 눈같이 작아진 눈으로 가족을 바라보는
아버지는 물고기의 비늘로 점점 덮여가고 있다
썰물 지는 바다에서 작아진 눈마저 닫히게 되면
아버지는 끝내 한 마리 물고기로 변해갈 것이다
평생 아버지가 낚아 올렸던 물고기로 한평생의 잠을 잘 것이
다

어부의 잠 2

어부는 바다에서만 잠을 자고
선장이랍시고 배 끌고 나가
아무도 없는 바다에서
긴긴 평온의 잠만 자고
석 달 열흘이 지나도 돌아올 줄 모르는 아버지

바다는 어부의 영혼을 키우고
어부는 바다를 닮아가

태풍 속에 용 한 마리 하늘 오르다 벼락 맞아
마침내 부뚜골에 드러누우시다

어부의 잠 3

칠십 넘은 아내의 전생의 업보가 몇억 톤이나 되기에 이다지도 질긴 부부의 연으로 엮어져 이 심연의 강을 건너야 하나

한평생 열 번도 넘게 집 팔아 마지막 소금창고로 가는 이승의 아내의 눈물을 그대는 아는가

술 마시고 바다를 건너다 죽은 백수광부의 등은 얼마나 아름다울까

살아남아 죄罪 많고 업業 큰 여인의 징징한 살가죽과 뼈마저 통째로 가져가라

그도 못 돼 묘지 팔아 그 묘지에 빚지고 드러누운 어부의 제주바다는 평안한 잠을 자는가

아버지, 아버지

1

아버지에게서는 바람소리가 났다
아버지의 몸에서 빠져나온 그 바람은
사흘이고 일 년이고 돌아올 줄 몰랐다

밀항으로 일본 가서
돌아올 때 가지고 온 것도 마작이 전부였다

심심하면 사내들 불러내
노름판에서 눈이 빨개지도록
하룻밤 사이에도 성을 쌓고 허물기를 거듭하다
방안 가득 날리는 담배꽁초, 빈 그릇들과 함께
우리 집 집문서, 땅문서는 날아가고
전세에서 사글세로 굴러다니던 식구들
그런 아버지가
엉겅퀴 자욱한 산비탈에 드러누웠다

2

잊을만하면
빚을 갚으라는 고지서가 날아오고
노름판에서 만난 사람들 빚 보증서다
식구들에게 빚이라는 유산을 남기고 가신 아버지
—아버지 아버지, 우리 알아보겠어요?

4·3島

1
나는 가슴속에 지니고 있다
물고기 한 마리를

그게, 줄어들어, 내 눈 속에서
스쳐 지나가는 걸 가끔 본다

넘실대는 제주바다에서
선장이었던 아버지를 그려본다

나는 오늘 그 바다를 조용히 바라본다

2

아버지는 말이 없었다
속으로는 수도 없이 바다를 흘려보냈다

아버지만 빼면 평온한 가정에 넘실대는 바다,
밤하늘 그리고 아버지의 빈 배

아버지는 그 섬에서 빨간 모자의 그림자와 맞서 싸웠고
함께 바람난 아가씨의 풍만한 가슴도 보았다

통시* 속에서 숨쉬던 아버지의 바다를 바라본다

*제주도의 재래식 화장실. 널빤지 밑으로 돼지가 있고 그 위에서 볼일 보던 화장실. 4 · 3사건 때 주민들은 그곳에 숨어 살았다고 한다.

물속의 하모니카

입을 뻐금거리는 물고기가 하모니카를 분다 낚싯줄에 걸려 밖으로 나온 물고기는 화안한 세상이 무섭기만 하다 내 종족을 낚아채는 사람들은 더더욱 무섭다 어부는 양동이에 물고기를 들이붓더니 고개를 갸웃거리며 눈이 불구로군, 중얼거리며 도로 바다에 놓아주었다

눈부신 하모니카 소리가 울려 퍼지는, 저 아버지의 바다

사람 낚는 어부

내 평생 바다와 싸웠다

잡아도 잡아도
잡히지 않는 바다와
안개만 자욱한
인생의 밑바닥에서

침묵의 그물 던지니,

숨어있던 얼굴들이 떠오른다

중년의 바다

그리움은
가장 민감한 손끝에서 묻어난다
돌아서는 그 남자 등 뒤로 버려지는 말도
양귀비 꽃잎으로 열 손가락을 칭칭 감싸면
신열 끝에 해풍이 몰려온다
해풍은 시장터에 퍼질러 앉은
생선장수의 긴 그림자를 낳고
감추어진 바다는
젖무덤을 타고
자궁 속을 헤집어놓고 달아난다

위리안치 1

가슴속에
머물고 쌓이고 자란
먼지의 세월
쓸어내고 닦고 훔쳐내도
돋아나는 먼지의 가시들
가시의 집을 이루고
그 집에 내가 다시 갇혀
날마다 파도치며 섬을 떠도는 눈물바다

그 바다와 파도 사이에서
짐승들 울음소리 끊임없이 나를 에워싸고
바다는 파도를 에워싸고

천 근 가슴에 맺힌 노오란 달덩이
가시가 피운 꽃이다
꽃도 귀양 산다

위리안치 2

이미 멀어진 사람과
파도의 물거품 사이에서
한 바다의 징역 시간은 태어나고

깊은 바다 밑에서
깊은 잠을 자는 사이

소나무 끝에 내리는 그믐치

빈 집, 오래된 벽이
절로 삭아 내려앉는
돌담길 돌아 돌아 애달아
마라도 백년초의 숨, 숨비 소리

달을 향한 노래

—이중섭, 「달과 까마귀」

바다 위에 세 개의 검은 줄, A선은 비어 있고 D선에는 한 마리의 까마귀가 등짐진 채 노래 부르고, 금슬 좋은 한 쌍의 부부가 앉아 있는 G선 위로 한 마리 잡것이 날아든다 D선 G선을 탄 달덩이 속으로 낯선 이방인이 다가오고, 오 한 줄은 어디로 갔나

신들린 무당처럼 어느 날 갑자기 찾아온 병으로 나는 가난하다 부모도 직장도 아이들도 선생들도…… 없다 그린색의 세상을 갖고 싶다던 친구도 떠나가고…… 나는 정신적인 고아다 태어나기 위해 시작한다는 고흐의 말이 아홉 살 때의 바다를 불러 눈에 노란불을 켠 채 E선을 그리며 그렇게 그렇게 되살아나고 있다

모두 다섯
달까지 여섯
선까지 아홉

직각을 그으며 직각을 그으며

2부

최초의 기억

노을 따라 집 나가
노을 먹고 울다
외숙모 손에 끌려온
세 살배기
제자리를 고집하며 돌아가
퍼지게 울부짖는 그곳에
공중선회하며 떨어져 내리는
나뭇잎들

방석 삼아 앉아
노을을 마시며 익어가는
한 점 고요와
가을날
오후 다섯 시 오십 분의 고아와도 같이
타박타박 떨려오는 전율
두 손으로 꼬옥 가려
달려와
언니 가슴에 와락 안길 때
노을 닮은 얼굴
문가에 쏟아져 내린다

유년의 뜰*

예배당 피아노 소리를 따라가 보면
코 큰 서양인 같은 여자
날 양녀 삼으려 했지
건반 속에 들어앉은 하늘
공짜로 신의 얼굴을 어루만져
신은 점점 길들이기 어려워지고
도리어 날 지배하게 되고
잊으려, 기억 속에서 잊으려
대한해협을 건너오는 길목에
병이라는 또 다른 것 들어오고

유년의 뜰에 놓여진 피아노 건반
하나하나 뜯어
손가락 삼아
음반 두드리면
철철 물결치는 무늬

*오정희의 소설제목을 빌림

뿌리에 관하여

한 사내가 나타나 내게 아버지라 부르라 했다
말쑥한 차림
부드러운 음성
그 입에서 나오는 예수는
나를 곱게 살찌워갔다
그가 보내온 『합격생』으로 나는 장학생이 되었고
그가 사준 신발로 교회 바닥을 누볐으며
그가 찍어준 사진은 훗날 내 앨범을 장식했다
그를 따라다닌 열두 살부터 스물여덟 살까지
그는 나에게 아버지였고
그가 전파한 하늘에 계신 아버지도 아버지였다
스물여덟 살 집을 떠나는 길목에서
밥상 앞에 앉은 나를 보고 내 아버지가 눈물을 흘릴 때
나에게는 지독한 혼돈이 왔다
그때까지 나는 성령으로 잉태되어 태어난 줄 알았는데
집안을 난장판으로 만든 이가 내 아버지라고?
그러면 여태껏 인자한 얼굴로 나타나 나를 키운 이는 무엇?

오늘 내 슬픔의 뿌리는 거기서 비롯된다

꽃잎이 진 자리

어머니의 그늘 같은 것
동네 개들의 흘레 자국 같은 것
젊은 날의 잘못 든 내 지도 같은 것

한때 잘못 꾼 꿈이 병을 부르고
환상이 현실인 지금 여기

꽃잎이 진 자리에
그늘이 짙고 어둠이 밀려와도
나는 없다 내 자리는 없다

징조

머리를 풀어헤치고 소나무를 휘감아 오르는 연기

소나무는 어머니로 변해가고
그걸 휘감아 도는 연기는 아버지로 변해가

그 정신의 뿌리에
발버둥치며 고함 질러대던 새벽,

우리 집 이사하던 날

무화과

죽는다는 것은
진달래 핏빛으로
떨어지는 것인데
무덤가에 봄비 나려
무화과나무에도 봄비 나려
눈멀고
귀먼
여인의 손짓으로
한없이 부서져내려
부서지면서
진달래빛 타는
소월의 가슴마저 씻어내려
좁쌀만 한 태아
사방이 막혀 숨 막히는 곳에서
더 이상 자랄 수 없어
아무도 모르게 떨어져버리고 싶은 게야
이 천지간 길이 막힌 데서
배 불러가는 엄마의 몸에서도
속꽃 피어날까
세상 껍질 속에서

정오의 햇살이 무르익어
세상 밖으로 터져
피어날 저 속꽃!

벽시계, 피아노 소리

울지 않는 새가 있을 때
그 새를 쏘아 죽이는 방법이 있고
그 새가 울도록 만드는 방법이 있고
그 새가 울기까지 그대로 놔두는 방법이 있다

시집온 지 십 년 되던 해
시아버님 가시고
시아버님이 남기신 벽시계가
어느 날부터인가 스스로 울기 시작한 것이다
그것도 자신의 때를 앎인가
스스로를 드러내는 것이다

피아노는 시간마다 자신을 예고한다
자신을 불러주지 않는 이에게
먼저 다가서는 피아노 울음소리, 절절하고 무섭다

사라진 종지기

새벽종 칠 때마다
먼저 간 할아버지를 부르다
아무도 몰래 종 속으로 사라진 할머니

그 후 종소리마저 들리지 않는 고요한 마을
첫날 밤 집 나간 신랑이 돌아오길 꿈꾸던
새색시 손에 잡힐 듯 말 듯한
댕댕댕 울리던 종소리

나른한 오후 한때
꿈속에서 당겨보는
종지기의 긴 줄, 긴 그늘을 마시며

역전

선생 그만두는 날
어머니는 그랬다
빌어먹을 년이라고

그녀는 아직도 빌어먹는다

늙고 꼬불꼬불한 길
물고기 배 가르고
내장을 끄집어내는
어머니의 손에서 번지는
비린내가 무서워
그녀는 바다 건너왔다

바다 건너와도
매번 보내오는 물고기 뒤로 하고
그녀는 시간 강의하러 간다

그녀의 찰거머리 인생, 길기도 하다

스승

지상에서 가장 위대한 자만이
제자의 발을 씻길 수 있다
비누거품 내며 발곱마다 끼인 더러운 때를
말끔히 씻어 내릴 수 있다

어느 종파의 수도자들처럼 거의 시체처럼 땅 위에 엎드리고 있는* 물처럼
납작 엎드러지는 사랑이 있다

*퐁쥬의 시 「물에 대하여」에서

손님

좋으면 좋다고
싫으면 싫다고
말 한번 못했던
내 이름은 정서장애
감정 표현 불능증

어쩌다 물꼬 트여
입이 터지면서
좌충우돌 빚어내는 해프닝 속에

이전의 공포는
그 공포스러운 얼굴은
어디로 가고

시라는 손님이 오셨나

이 그물을 어찌하랴

어쩌다 말을 만지는 자로 태어나
말을 다스리지 못하고
말을 건너지 못하고
다가오는 말에
혹은 내뱉는 말에 걸려 넘어진다
말에 걸려 울고 웃는다

불쌍한 우리네,
말을 태워버릴 수도 없고
나를 태워버릴 수도 없고
한 세상 건너는
이 그물을 어찌하랴

말 앞에 엎드려
말의 현현을 겸손히 지켜볼 뿐이다

주홍글씨

어느 사이엔가 가슴속에 새겨진 주홍글씨가 모음과 자음으로 분리되어 가끔 헛것이 보였어 늘어뜨린 지하세계의 숨은 꽃이, 이상의 제13의 아해가 장미꽃잎 듣는 지하 셋방으로 들어가고……

그날, 십 년이 멎은 머릿속, 방 속의 사흘 밤, 비디오테이프 옆구리에서는 붉은 피가 터져 나오고, 방안에는 바이올린이 뒹굴고, 초록 빗으로 곱게 머리카락 서른세 번 빗으면 고통이 끝나는 줄 알았지 애야, 금 밖을 나가지 말아라 (할아버지, 무서워요 내 머릿속은 사월의 혼들로 가득해요) 머리를 흔들고 흔들어도 기어이 네가 나를 잡아먹어 금 밖을 나간 검은 모니터에 꼬물거리는 청록색 기호들……

3부

목욕탕에서

제왕절개한 저 아줌마
눈앞에서 어른거린다

자신의 왼팔 오른팔 왼다리 오른다리
등과 배를 열심히 미는
내 눈앞의 저 아줌마 기운 상처가
나를 놀라게 한다

그렇다면
내 어머니에겐 내가 상처?

여자가 된 날들

1
기억의 묘지로 건너간 상처를 봤나요

초경하는 소녀의 피 묻은 속옷을
서슬 퍼런 옆집 할머니 훔쳐보고

텃밭에는
베임당한 복숭아 나뭇가지에서
울던 세월 칩거하다

2
오늘
그 바닥에서 솟아나
겨울 설악 골짜기를 굽어보는
눈 위에
허리를 감싸 안는 손
머릿속 붉은 딱지 떨어지고
알싸한 내 풍기던
신혼 초야

화장

볼을 만지면
해골 같다
툭 튀어나온 뼈대 위에
살 몇 점

여자들은
아침마다
여기에 옷 입히느라 바쁘다

동백

나무나 꽃을 잉태하는 그대 눈빛 눈부셔
곰팡내 나는 기억 속으로 숨어보니
그대, 바람이었어
난바다에 물결치는
회오리바람이었어
아버지를 살라먹고
딸을 잡아먹고
뜰 앞에 고개 숙인 여인의
속눈썹 속으로 바라본
어머니의 자궁 속은
컴컴한 우주
시원始原과도 같은
자아의 동굴 속에 드리워진
주홍빛 수건들
떨어뜨리고 싶은 내 배꼽과도 같은
선연한 기억들

가을날 저물 무렵

모두가 바쁘다
뭐가 그리 바쁜지
옆도, 뒤도 돌아보지 않고
앞으로들 잘도 간다
죽음이 깔린 절벽 앞에 서 있는
중년의 여자
가을 속으로 빨려들어 금방 사그라질 것만 같다

저물 무렵
낙엽을 쓰는
청소부 아저씨 구부린 등도
한 장의 낙엽이요
구멍 숭숭 뚫린 그녀의 마음도
한 장의 낙엽이라

애잔한 떨림 안고
뒤엉켜 굴러가는 노을 속으로 빨려들어
심연을 우는 한 여자 있다

뱃속에서

허무의 신발 신고
이 세상 바닥 헤매며
이 나라 저 도시 돌아다니던 동안
세상이라는 병원을 보았네
한겨울 모시 적삼 누더기옷 걸쳐
구름으로 바람으로
미로 같은 복도를 떠돌다
드러누운 곳은
무서운 심연,
되돌아간
어머니의 뱃속이었어
아직 태어나지도 않은
채 완성되지도 않은
내 눈에 보이는 것은
정육점에 걸려 있는 고깃덩어리
오, 눈 감아도 끝없이 들려오는
세상을 도마 치는 소리
탄생 자체가 비극인 세상
짐승의 살점 사이 비계를 도려내고
손님에게 건네는 동안

무수히 흘린
내 안의 상처들

용설란

가시 끝에 맺힌 눈물방울
그 눈물 속에서 돋아나는
가시
가시는 젊음을 탕진해버린 내 살과 뼈다
가시나무 왼쪽 가슴에 묻혀 있는
원죄인 씨알 하나

그녀의 신호등

빨간색은 그녀가 건너야 할 자존심이다 신호가 오면 그녀는 빨간 옷을 입고 거리를 활보한다 빨간 줄과 금줄로 엮어진 칼도 일품 겹겹의 옷 속에 숨겨 거리의 칼바람을 쐰다 거꾸로 선 카인의 표지들이 어제 먹은 빨간 캡슐의 약을 휘젓는다 빨간 다모아 미용실에 들어가 각양각색으로 염색하고 머리칼 층을 낸다 빨간 스카프를 매고 빙빙 노래방에서 빙빙 도는 세상은 요지경을 부르고 빨간 세상만사 식당에서 동서고금의 사상들을 비빈 비빔밥을 먹고 빨간 신호등 앞에서 줄 이도 없는 장미꽃을 사는 동안 길가에 흐르는 운명교향곡, 존경하옵는 베 선생님, 음악사 강의를 하던 교수님은 종강하기도 전에 스승을 따라가고 아, 운명 속에는 빨간 색조가 몇 퍼센트나 들어 있을까 생각하는 동안 꽃잎 듣는 거리를 가로질러 그 여자 마음의 언덕길을 건너고 있다

당신의 등

당신의 구부정한 어깨에 세상이 내려앉고 구불구불 걸어온 진창길 발밑에선 흐드러진 복사꽃잎들 고통의 합창 소리 들려오고 그 꽃잎 하나 갈무리하지 못해 온 땅을 배회하는 자 있습니다 복사꽃을 피운 달은 가지 않는 길을 토해놓고 그 그늘 아래서 삼천 년을 품은 천도天桃를 생각하는데 짙은 산그늘이 내려와 당신의 어깨를 덮습니다 겹겹 어둠에 싸인 빛도 천만 근의 힘으로 어둠의 무게를 밀어내려는 아가의 조막손으로 등을 타고 세상을 오르려 합니다

화투 속에 숨겨진 발톱

어머니는 비장의 카드를 숨겨 두었지요 방 한 칸에선 날마다 똥광이니 달광이니 민화투패거리들이 겨울 추위 속에 놀고 있었어요 그 패거리에서 밀려나 글자놀이하던 아이, 오늘 액자 속에 갇힌 거예요 몸만 비대해져 세상을 보지 못하는 호랑이, 눈 어두워 외출도 못하는 형편이지요 한밤에 홀로 가파른 벼랑 타는 건 또 얼마나 무서운 일인데요 그래요 그때 민화투패거리에 들어가 똥광도 먹어보고 달광도 먹어보고 꼴찌도 해봤어야 했어요 글자놀이에 눈먼 아이 책 속에 갇혀 지내다 결국 놀이 상대 없어 산 속에 들어오게 됐지요 슬픈 역정을 걸어온 호랑이는 화가 나서 그때부터 야금야금 글자를 씹어 먹고 날마다 검은 똥을 쌌어요 산은 곧 검은 똥으로 쌓여가고 민화투 패거리에서 밀려난 아이 발광을 하는 호랑이 눈에 진흙에 이긴 검은 똥을 갖다 붙였어요 사십 일을 울부짖던 호랑이에게 기적은 일어나고…… 아, 노란 눈동자로 바라보는 세상은 아름답군요 산속 나뭇잎들이 햇살에 팔랑대며 떨어지는 소리, 곡예를 부리는 다람쥐 한 쌍, 바람결에 스치는 무늬들…… 세상은 아름다운 눈으로 보면 아름답네요

신음소리

동백꽃잎의 신음소리 빗속을 타고 내리고
그걸 밟고 지나는 아가씨 구두 뒷굽에
바이올린 G현이 낮게 깔리고
돌아보는 눈빛, 무서워요

겨울 해변에서 눈동자를 잃었죠
회오리치는 모랫더미 속에
타자와 부재를 노래하던 그녀
슬픈 속삭임을 타고
세기말 건너
하늘에 거꾸로 박히는 얼굴 보셨나요
어둠을 살라먹고 빛을 발하기까지
별들은 몇억 광년을 침몰해 있나요
밟고 밟히는 세상에서
하늘에 박힌 모래알 보면
샛별로 보일 때가 있을까요

소금

빛과 소금
반대는
어둠과 설탕이라지만

1910년대 간도에서는 밀수할 정도로
소금은 귀한 것이었나

지금은 지천에 깔린 게 소금이고
목욕탕에서까지 소금욕으로 흔한 게 소금인데

내가 누군가를 사랑하지 아니하면
존재의 의미가 없는 것처럼
소금은 자신이 없어지면서
자신의 역할을 한다

없어지면서 빛나는 생애 같은, 선물 같은

음악

높고 낮음이
길고 짧음이
세고 약함이 만나서
서로 섞이면
그게 음악이다

삼 개월의 아가부터
칠십팔 세의 할머니까지 어울려
한 상에서 같이 밥 먹고
호호 웃으면
그게 음악이다

나 이제 알 것 같아요
아픔 가슴 멀리 돌아와
당신 앞에 서면
조용한 선율 되어 흐른다는 것을

4부

내가 세상을 사는 이유

화분에 물 줘도 꽃이 죽고
내가 선을 베푼 사람에게서
따뜻한 말 한 마디 없어 상처입어도

내가 이 땅에서 사는 이유는
육체의 가시,
병든 몸 하나 가지고
세상과 싸우고
나 자신과 싸울 일 때문이다

죽은 씨앗에 대한 단상

무의식의 끝까지 왔다
그놈은 호시탐탐 나를 노리며
의식 너머로 나를 불러들이곤 했다
발정난 개를 풀어놓아
주위 사람들을 놀라게 하듯
그놈은 나를 금기시했다
병원으로 처박아버리지
당신은 끝까지 이에 항거하고
죽기까지 병든 자의 심장에 박혀
썩은 생각을 밀어내기 시작했다
마음 하나가 중요한 게지
죽고 싶다는 생각을 물리쳐야 해
그 끝에 죽은 나무가 있든
그 죽은 나무에 꽃이 피기 시작하든
그건 신의 몫이고
이 땅을 배회하는 검은 영혼들
죽기까지 저마다의 업業을 살아내야 하리

뇌파검사

상처에 일레피스를 바르고 상처는 침대에 눕는다 빛이 들어오면 눈 뜨시고 사라지면 눈 감으세요 자, 입을 약간 벌리시고 눈 감으세요 (깜깜) 눈 뜨세요 (황금빛) 눈 감으세요 (골통 터지는 소리) 삐 소리가 나면 아랫배에 힘주시고 숨 쉬세요 눈 뜨세요 (자잘한 들꽃무늬) 눈 감으세요 (꽃잎 듣는 소리) 잠이 옵니까? (아뇨, 물결소리 아름답다 지 지 지 직) 눈 뜨시고 숨 쉬세요 (아랫배 볼록볼록) 눈 감으세요 (그 사람 해골이 되었다가 웃는 얼굴이 되었다가) 되풀이— 자 끝났습니다 기분이 어떠세요? (맑고 투명합니다)

수수꽃다리 잎의 비밀

병원 앞의 아이들, 누가 누가 잘 던지나 돌을 던지고 있었죠 그 뒤를 살짝 돌아선 환자, 수수꽃다리 잎 하나 따서 발밑으로 떨어뜨렸죠 잎새에 숨어 있던 바람 환자 가슴을 휘감고, 병든 수수꽃다리 잎 하나가 바라본 세상은 우리 모두 환자예요 병들고 떠들썩한 시대에 우리는 부서지는 햇살 먹고 자라나는 동지예요 그 속삭임 속삭임에 날아오를 것만 같은 수수꽃다리 잎 앞의 환자!

내 슬픔과 놀아주는

오늘은 요가를 하다가
발 한 동작
손 한 동작 사이에서
터져 나오는 울음
입을 막고 숨죽여야 했다

돌아간 고개를 바로 해주는
선생님의 손이 고마워
나도 모르게 눈물이 나왔다

내 슬픔과 놀아주는
배경 음악과
선생님의 손,
그것만으로 충분했다

요가시간 구십 분 내내 숨죽여 울었다

병상이 있는 세 개의 풍경

1. 그믐밤

리줌 한 알 목으로 넘기고
창문을 닫고
커튼을 내려도
가슴에는 무서운 해일이 인다
밤마다 살점 속을 헤집고
들려오는 어머니의 독경 소리
더러는 길가로
더러는 양지 바른 곳으로 날아가는
하얀 그믐밤

2. 장미

장미는 고독하다
장미 가시는 더욱 고독하다
내부에서 일어나는 반란을 막기 위해
장미 숲은 한결 고독하다
단 20초 동안 만개하기 위해서
태초부터 장미는
시름시름 보랏빛으로 앓는다

장미 울음은 푸른 상형문자다
마치 불러도 대답 없는 검은 안경테가
바다 속으로 사라지듯이

3. 꽃병 이야기

어머니의 굿판에서
구슬픈 남도가락을 뽑아 올리는
두 살배기 혼은
구만리장천九萬里長天을 떠돌아다니며
꺼이꺼이 울어대고—
아직도 어머니 등에서
홍역 치르는
서른다섯 살의 금간 넋은
꽃병에서
한 마리 나비 되어 날아가는지

최초의 외출

노을 따라 집 나가 울다
돌아온 서른여섯 해
그 벽을 허물어줄 남자 그리다가
칼바람 맞아
쉰내 나는 밥알 씹으며
떠다니던 욕설 속에
꿈꾸는 의문부호
(나의안이너의밖이고나의밖이너의안인우리들세상에서)
신경줄 하나
뚝, 끊어져
저주받은 천국과 불타는 지옥을
숟가락 하나에 게우는
몸뚱어리 행렬
헐거벙한 옷을 뚫어
사방의 창살을 보고
창살에 찔린 달빛의 신음마저 진저리치다
눈물까지 말라버린
그녀의 유일한 희망은
몸뚱어리 바깥으로
언어의 바깥으로

사람들 창살 밖으로 뛰쳐나가는 것임을

(앗, 그걸 알아챈 병동이 숨도 쉬지 않고 납작 엎드려 있다)

두통

영혼에 꽃가루 묻히고 돌아온
벌들의 잉잉거림과
혹은 몇 줄의 미풍에
전화벨이 울린다
길 잃은 아인슈타인의 두뇌가
어느 박물관에선가 잠시 잠이 든
고 · 요 · 한 · 밤
나지막한 자장가 소리에
비스듬히 누운 꽃잎들이 바르르 떨고
떨어지는 폭포 소리를 이겨야 득음한다는
가시내의 오장육부가 마을을 돌고 와
입가에 피어나던 종기처럼
안개 자욱한 먼 나라에서
달려올 부고 하나
호적등본에 빨간 밑줄이 그어지고
국밥에 섞어 먹는 자 · 모음의 파편들
햇빛 속에 빛나던
석 달 동안의 그 끈질김이여!

튤립

입 벌려 하늘 보다가도
벌떼들 날아오면
입 닫고
깊은 바닥으로 내려간다
내려가고
내려가는
그 기분 누가 알까
바닥마저 없는 심연 속에서
아가리 벌려 날름대는 무無의 빛깔,
누더기 속의 병든 육체여
그 끝에서 검은 신神의 죽음을 피운
무無꽃,
아무도 들여보내지 마
검은 우울빛이 잉태한
거울 속의 내 사랑
그 붉은 이름 뽑어 올리고 싶어

사이

○○병원과
○○교회

사이에

장우동, 본죽, 장례식장,
바닥도 보이지 않는 포클레인으로 파내는 공사 중인 건물이 있고

헛꽃들이 직강하하는
실성한 봄날

나의 병과 종교는 이처럼 가까웠던가

딱정벌레

노랗게 타들어가는 먼 길 노을이 흑백필름 속에 강물을 풀어 놓는다 골 속 골 속 폭력의 말 뿜어대는 강씨의 줄담배가 산굼부리 파헤쳐진 네 젖가슴*을 훔쳐가고 갇힌 자의 몸 밖으로 검은 물, 썩은 냄새를 풍기며 흘러나온다 그 냄새 창살 타고 내려와 생의 골목을 돌아 돌아간다 까미유 끌로델의 말년을 돌고, 고흐의 노란 심장을 돌고, 이승과 저승을 넘나드는 문지방을 돌고, 얼기설기 그 경계마저 모호해진 바람결 무늬를 돌고, 탈출을 꿈꾸며 그 상처 속에서 들려오는 소리 (말의, 숨구멍, 찾는, 나는, 신의, 쓰레기일까) 그렇게 안을 까맣게 태우고도 차마 뱉어내지 못한 말 돌고 돌다 몸으로 말하는 벌레를 본다 살아 꿈, 틀, 대, 는, 벌레 온몸으로 운다

*이성복의 시 「비가 1」의 제6행

팔자놀이

바람 부는 날은 컴퍼스를 사서
죽은 잡초들을 생각하며
원을 그린다
시작도 끝도 보이지 않는 곳에서
병상에 누워 계시는 아버지 말씀
얘야, 원 밖을 나가지 말아라

그러나 지우개로 지운 한쪽 귀퉁이로
아이들이 우루루 몰려오고 몰려가고
몰려가고 몰려오고

팔자놀이하다가
내 입술은 심하게 다쳤지
그 후 아랫입술은 비뚤어지고
20년간 나는 노래를 부르지 못했어

다시 바람 부는 날은
컴퍼스를 던져 버리자
죽은 잡초는 죽은 대로
꽃씨는 꽃씨대로

잎새는 잎새끼리 모여
흩어지는 아침 입술 사이에서
나팔꽃이 피어난다

칸나 앞에서

바람결 스쳐간 벽오동 잎새에서 숨죽인 숨결을
표정 없는 돌멩이에서 번개 친 자국을 본 적 있나요?

뒤집어진 좌판 밑에서 뭉개진 사과가 손을 휘젓고
어제의 감람약국이 뉴스 속으로 사라지고
산부인과 의사가 태아를 죽이고
코가 전부인 개미가 빵부스러기 맛을 본 후 A의 강의를 빼앗아 개미를 강의하고
두 눈 부릅뜨고 거미의 몰락을 보고자 거미의 덫으로 날아든 나비는
목 잘려 통곡하는 칸나 앞에서 저런, 목이 조여와 목이 조여와

일몰은 일출을 등에 업고 있다

천사의 등에는 혹이 숨겨져 있다

아내가 환자복 입고 퇴원하던 날
길가의 경관을 붙잡고
—저 사람, 나 잡아가려 해요!
당신의 간담을 서늘하게 하던

순간,

한밤중 고속도로를 질주하던 날이,
아내를 119구급차 등 뒤로 태우던 날이
머릿속을 쌩쌩 달리고

아내는 그 속에서 미쳐가고
미친 아내를 바라보는 당신도 미쳐가고
황혼을 바라보는
천사의 등에는 남모를 혹이 커간다

그러나 일몰은 일출을 등에 업고 있다

5부

꿈속의 사다리

가끔은 그녀의 입이 거머리로 보이고
뱀이 꿈속을 점령하고
바퀴벌레는 온몸을 뒤집고
때때로 나를 덮치는
저 무수한 거미줄 위에
십 년 전의 요코하마가 걸려 있어
아라이바*의 악취 속에서
꿈의 실가락들 흘러내리고
이글거리는 사방의 눈들 속에
생의 무게를 견디는
요코하마는
병든 내 몸의 시,

꿈속의 사다리다

*식당의 설거지간

북방의 시

민족의 영산 백두산 천지를 보고
연길, 용정을 거쳐 도문에 서니
"아, 무사히 건넜을까/이 한밤에 남편은/
두만강을 탈없이 건넜을까"란 시구와
만주로, 북간도로 떠났던 선조들이 어른거린다
벌써 신의주 건너편 단동을 지나 호산촌*이로다

우리들 발밑에서 흐르는
이 개천은
엄연히 강이다
압록강 물줄기이므로

강 건너편 옥수수 밭 사이로
네다섯 명의 아낙들이 보이고
여행객들 카메라 셔터에 놀란 듯
"같은 동포인데 찍지 마시라우야"
북의 아낙들의 절규 속엔
오후의 그림자가 짙게 깔려 있다

아랑곳없는 두 여행객—그들은 한국인이다—

달라 몇 장에 중국 사공을 녹여
먼지 자욱한 소시지 한 상자와 과자를
배에 싣고
강 저편으로 던지자
눈치보며 망설이는 북의 아낙들

폭 오 미터도 안 되는
우리들 발밑에서 흐르는
이 개천은 엄연히 강이다
북에서 북을 바라보는 국경이다
남과 북의 사람들 마음을
아는지 모르는지
그렇게 압록강은 유유히 흐른다

*호산촌은 중국의 동북 3성 중 하나인 요령성에 있는 호산장성 근처의 마을로, 압록강 저편이 북한인데 비해 압록강 이편을 말한다.

삐딱한 우울
—원폭 투하지 나가사키를 다녀와서

옆집에 사는 그 여자 미쳤는지도 몰라
열쇠구멍으로 들여다본 그 여자
밥도 안 먹나 외출도 안 하나
홀라당 벗은 채
매일 숨쉬기 연습만 반복해
여기가 인도야? 티베트야?
숲 속 절이야? 자기가 무슨 선사禪師라도 돼?

우라까미[上浦] 상공 오백 미터에서 떨어진 원폭으로 불바다 속 칠만 오천 명의 원혼들이 공중을 배회하다 제주를 경유, 21세기 서울로 북상 중입니다 미세한 잿가루로 덮인 하늘 살에 닿은 도시 남녀들은 기형적으로 변해가고 있습니다 앞으로 이 신괴물 기형들은 세상을 지배한 컴퓨터는 물론, 기계란 기계는 모두 먹어치울 것으로 보입니다 아직 정확한 원인은 밝혀지지 않고 있습니다

텔레비전을 끄는 순간 그 자장磁場에 나도 삐끗거리는데
옆집에서 들려오는 거친 숨소리는
거대한 소용돌이 속의 외로운 싸움이요
우울한 도시, 검은 정신을 향한 희미한 빛이다

침묵 속의 성당
—1990년 여름, 나가사키

미사포 속에 움직이는
입술이 하도 예뻐
카메라 셔터를 눌렀다

누군가 와서 좇아냈고
나는 성당 밖에서 한참이나 울었다

미사가 끝나고 한 여인이 와서
나를 안으로 데려가
십자가 앞에 세우고
셔터를 눌러 주었다

여름이었고,
망사 모양의 흰 옷 입은 여인의
들꽃 같은 손가락 마디마디에
거룩한 성당이 서 있었다

허밍코러스

아무도 없었다 그 바닥에는
콘크리트 바닥을 오가며
숨가빠하는 나만 있을 뿐

가와사키 전철역
아자리아街 장난감 병정들 연주도
요코하마 다이아몬드 거리에서
기모노 옷깃을 스쳐 지나가는 여인도
랭귀지 스쿨로 달리는 가로수들의 숨소리도
발끝 세워 살얼음 딛던 서른 살
내 이어폰 속에 들려오던 허밍코러스

바다 건너 숨죽이며 절망을 건너던 유일한 징검다리는
나는 고아라는 인식이었다

지금도 해독하지 못하는 그 허밍코러스는 매일 매순간 울려 퍼진다

◎ 해설 ◎

나 자신을 찾아가는 기나긴 여정

이승하(시인 · 중앙대 교수)

김정신은 제주 출신의 시인이다. 시인에게 고향이란 데가 얼마나 중요한지는 재론의 여지가 없다. 태어나 자란 곳일 뿐만 아니라 시라는 것을 생산할 수 있게 한 창작의 진원지요 시혼의 모태이기 때문이다. 시집의 제일 앞머리를 장식하고 있는 시 「최초의 안경」에는 "삼다도에 떠오르는 맨살의 언어"라는 시구가 있다. 바로 이 맨살의 언어를 구사한 사람은 "바람 먹고 집 나간 남편"과 "자갈밭에서 뒹구는 자식들"과 "그 속을 한평생 자맥질하는 여자"이다. 제주도가 고향이 아니고서 이런 시를 쓰기란 거의 불가능한 일이리라. 그리고 시인의 시야에 최초로 들어와 박힌 것은 산, 나무, 들판, 쇠비름과 그 속에 직각으로 떨어지는 해이다. 최초의 언어를 시인은 "초록 속의 빨강"이라고 했는데 그것은 초록 들판 속으로 떨어지던 빨간 해였던 것이리라. 하늘과 들판, 바다를 보며 자라난 시인 김정신은 제주 앞바다를 삶의 터전으로 삼아 살았던 수많은 아버지를 묘사하기로 마음먹는다.

> 이 몸 슬프게도 비린내가 없어 산사에 서니 그 옛날 아버지의 그물에 얽히고설킨 가족들 울음소리 바람결에 밀려오고, 낚싯바늘 같은 남자에 걸려 생선 뼈다귀들이 톡톡 튀는 새벽, 새마을 노랫가락에 성 쌓고 헤치기를 거듭하는 어부들의 마작판 뒤로 부둣가에서 시장 길로 달리던 절망과 공포, 열탕 속으로 까무러치며 달려가던 저 1980년 대학 1년 때의 여름, 천지를 뒤흔들던 그 냄새 역겨워 사다리 타고 다락방 책 속으로 숨었어요
>
> –「이 몸 슬프게도 비린내가 없어」 전반부

시인이 직접 체험한 부분과 상상한 부분이 절묘하게 버무려져 있는 작품이다. 1980년이라는 연대와 '마흔 살'이라는 나이가 나오기에 상상력만의 산물은 아닌 듯하다. 화자는 마흔의 나이가 된 시점(물론 시를 쓴 시점이다)에 몸은 산사에 있지만 그 옛날 제주도 아버지들의 그물에 얽히고설킨 가족들의 울음소리를 듣고 있다. 아버지는 "한바다의 무서운 폭풍과 싸우면서 백골의 대어大魚를 끌고 온 산티아고"였고 어머니는 "금빛 찬란한 비린내 풍기며 험한 세상 헤쳐 온" 분이었다. 그런데 마흔 살의 화자는 "1980년 대학 1년 때의 여름, 천지를 뒤흔들던 그 냄새 역겨워 사다리 타고 다락방 책 속으로 숨었"다고 한다. 그 책은 헤밍웨이의 『노인과 바다』였던 것일까. 시인의 제주 체

험이 이 시에 직접적으로 드러나 있지 않지만 몽환적인 분위기가 묘한 매력을 발휘한다. 시인은 3편의 「어부의 잠」에서 아버지들의 바다를 본격적으로 이야기한다.

이제 아버지의 바다는 한 평짜리 방이다
아버지는 그곳에서 헤엄친다
게 눈같이 작아진 눈으로 가족을 바라보는
아버지는 물고기의 비늘로 점점 덮여가고 있다
썰물 지는 바다에서 작아진 눈마저 닫히게 되면
아버지는 끝내 한 마리 물고기로 변해갈 것이다
평생 아버지가 낚아 올렸던 물고기로 한평생의 잠을 잘 것이다

–「어부의 잠 1」 후반부

어부는 바다에서만 잠을 자고
선장이랍시고 배 끌고 나가
아무도 없는 바다에서
긴긴 평온의 잠만 자고
석 달 열흘이 지나도 돌아올 줄 모르는 아버지

–「어부의 잠 1」 1연

평생을 바다에서 보낸 아버지들의 고단한 삶이 두 편 시에 잘 그려져 있다. 이 두 편의 시를 보면 아버지는 조업에 나갔다가 풍랑을 만나 숨졌음을 알 수 있다. 아버지는 집에서는 잠만 자다 바다로 나갔는데 이제 바다에서 영원한 잠을 잔다. 바다

가 집인 동시에 무덤이 되었다. 바다는 어부의 영혼을 키우고 어부는 바다를 닮아간다는 「어부의 잠 2」의 두 번째 연을 보면 제주도 주민 중 참으로 많은 어부가 바다에 나가 죽었던 것이라 미루어 짐작해볼 수 있다. 시인에게 제주도는 역사적인 수난의 섬이기도 하다. 제주도민의 1/3이 죽었다고 하는 4 · 3사건을 직접 다루지는 않았지만, 아래의 시는 아버지 세대가 겪었던 4 · 3사건을 우회적으로 말하며 제주도민의 설움을 들춰낸다.

아버지는 말이 없었다
속으로는 수도 없이 바다를 흘려 보냈다

아버지만 빼면 평온한 가정에 넘실대는 바다,
밤하늘 그리고 아버지의 빈 배

아버지는 그 섬에서 빨간 모자의 그림자와 맞서 싸웠고
함께 바람난 아가씨의 풍만한 가슴도 보았다

퉁시 속에서 숨쉬던 아버지의 바다를 바라본다

—「4 · 3島」 후반부

시인은 제주도를 4 · 3島라고 한다. 섬 전체가 처형의 땅이 되어 제주도민 모두에게 깊은 상처를 남긴 4 · 3사건이었기에 제주도를 4 · 3島라고 표기한 것이다. 사건 때 몇몇 아버지는 재래식 화장실의 널빤지를 열고 들어가 돼지와 함께 살며 목숨을 부지하였다. 이 시의 "아버지만 빼면 평온한 가정에 넘실대는 바다"가 상징하는 바가 무엇인가. 사건 당시에나 그 후에나 아버지는 한 집안의 튼실한 버팀목 역할을 해주지 못했다. 시인 자신의 아버지가 아니라 하더라도 시인의 눈에 비친 제주도의 어떤 아버지는 노름꾼이기도 했다. 그중에는 4 · 3사건의 상처를 간직한 이도 분명히 있었을 것이다.

밀항으로 일본 가서
돌아올 때 가지고 온 것도 마작이 전부였다

심심하면 사내들 불러내
노름판에서 눈이 빨개지도록
하룻밤 사이에도 성을 쌓고 허물기를 거듭하다
방안 가득 날리는 담배꽁초, 빈 그릇들과 함께
우리 집 집문서, 땅문서는 날아가고
전세에서 사글세로 굴러다니던 식구들

—「아버지, 아버지」 중반부

이런 내용이 사실이라면 화자의 아버지는 배를 타고 나가지 않을 때는 노름으로 세월을 보내던 사람이었다. 집은 아버지로 말미암아 풍비박산이 된다. 바다에 나가 고기를 잡을 때의 아버지는 의지적 인간이지만 태풍의 계절이나 겨울에는 노름꾼으로 전락, 집문서와 땅문서를 날려버린다. "내 평생 바다와 싸웠다"는 「사람 낚는 어부」의 첫 행은 아버지의 생애를 단적으로 보여주는 것인데, '중년의 바다'라는 제목은 또 무슨 뜻일까?

> 그리움은
> 가장 민감한 손끝에서 묻어난다
> 돌아서는 그 남자 등 뒤로 버려지는 말도
> 양귀비 꽃잎으로 열 손가락을 칭칭 감싸면
> 신열 끝에 해풍이 몰려온다
> 해풍은 시장터에 퍼질러 앉은
> 생선장수의 긴 그림자를 낳고
> 감추어진 바다는
> 젖무덤을 타고
> 자궁 속을 헤집어놓고 달아난다

—「중년의 바다」 전문

'중년'이란 시인이 앞서 여러 차례 등장시킨 아버지를 지칭한 것이기도 하겠지만 자신의 나이를 말하는 것이 아닐까. 중년이 다 되어 와서 보는 바다이기에 "그리움은/가장 민감한 손끝에서 묻어난다"고 했을 것이다. 또 수많은 제주도 중년 아낙네들의 바다라는 뜻일 수도 있겠다. 내 속에 숨어 있던 바다가 젖무덤을 타고, 자궁 속을 헤집어놓고 달아난다. 바다도 중년이고 화자도 중년이다. 아무 거리낄 것이 없다. 이놈의 바다가 이제는 나를 갖고 놀고, 나도 바다를 상대로 마음 놓고 대거리할 수 있다.

제주도는 왕조시대 때는 귀양 가는 곳이었다. 「위리안치 1」과 「위리안치 2」는 풍랑을 헤치고 제주도까지 와 유배생활을 한 수많은 사람과, 제주도에 갇혀 살았던 사람들을 생각하며 쓴 작품이다. 귀양살이 중에도 위리안치圍籬安置는 극형인데, 제주도 사람들은 "가슴속에/머물고 쌓이고 자란/먼지의 세월"을 보내야 했고, 때로는 귀양지와도 다를 바 없는 제주도에서 한 많은 생을 마감하기도 했다.

빈 집, 오래된 벽이
절로 삭아 내려앉는
돌담길 돌아 돌아 애달아
마라도 백년초의 숨, 숨비 소리

–「위리안치 2」 마지막 연

제주도 태생은 아니지만 화가 이중섭은 제주도에 한동안 머물렀던 사람이다. 「달을 향한 노래」라는 시는 이중섭의 「달과 까마귀」라는 그림을 보고 쓴 시인데, 시인의 제주 체험이 있었기에 "태어나기 위해 시작한다는 고흐의 말이 아홉 살 때의 바다를 불러 눈에 노란불을 켠 채 E선을 그리며 그렇게 그렇게 되살아나고 있다"는 표현을 얻을 수 있었을 것이다. 시인은 아홉 살 무렵에 제주바다를 싫증나도록 보았을 것이 틀림없다. 시인에게 제2의 고향이 아닌가 여겨지는 대구를 공간적 배경으로 한 시가 전혀 안 보이는데, 이를 봐도 제주도가 얼마나 시인의 마음속에 강하게 자리잡고 있는지를 알 수 있다.

시인의 제2부의 시편을 통해 성장기 시절을 좀 더 구체적으로 이야기하고 있다. 물론 체험을 곧이곧대로 쓴 것이 아니라 상당 부분 상상력으로 채색한 것이지만 말이다. 아래 2편의 시는 시적 화자와 시인을 일치시키려는 시도를 자꾸만 하게 한다. 두 사람이 동일인이냐 아니냐는 독자의 판단에 맡길 일이지만.

예배당 피아노 소리를 따라가 보면
코 큰 서양인 같은 여자
날 양녀 삼으려 했지
건반 속에 들어앉은 하늘
공짜로 신의 얼굴을 어루만져
신은 점점 길들이기 어려워지고
도리어 날 지배하게 되고
잊으려, 기억 속에서 잊으려
대한해협을 건너오는 길목에
병이라는 또 다른 것 들어오고

-「유년의 뜰」 제1연

한 사내가 나타나 내게 아버지라 부르라 했다
말쑥한 차림
부드러운 음성
그 입에서 나오는 예수는
나를 곱게 살찌워갔다
그가 보내온 『합격생』으로 나는 장학생이 되었고

그가 사준 신발로 교회 바닥을 누볐으며
그가 찍어준 사진은 훗날 내 앨범을 장식했다

―「뿌리에 관하여」 부분

대다수 소설가는 생의 어느 시점에 가서 자전적인 소설을 쓴다고 한다. 상당수의 시인도 그렇다. 다만 시인은 그것을 상상력이라는 코드를 통해서 돌려 말하는 것이지만, 자신의 유년기 회상을 어느 정도는 하는 법이다. 김정신 시인도 2부에 이르러 유년기의 추억을 떠올려보고 신앙생활을 했던 무렵의 일들도 떠올려본다. 「뿌리에 관하여」의 '한 사내'는 목사인 듯한데, 그의 인도로 갖게 된 신앙심이 시인을 구원의 길로 이끌지 못했는지 "오늘 내 슬픔의 뿌리는 거기서 비롯된다"고 하면서 시가 끝난다. 시인이 되었기에 복음을 전하는 목회자가 되지 못했을 수도 있다. 친아버지와 아버지라고 부르라고 한 이, 그리고 하느님 아버지가 두루 나오는 이 작품은 시인의 시세계를 이해하는 단서가 될 터인데, 여타 시에서는 신앙상의 고투를 한 흔적이 보이지 않아 이 점에 대해 뭐라 말하기가 어렵다. 아무튼 시인은 「최초의 기억」 「무화과」 「역전」 등 2부 13편의 시를 통해 태생과 성장기, 결혼 이후 시인으로 살아가게 된 십수 년의 삶 등을 독자에게 잔잔한 어조로 들려준다. 「벽시계, 피아노 소리」 「사라진 종지기」 「징조」 같은 시는 가족사에 얽힌 암시적인 이야기다. 「손님」과 「이 그물을 어찌하랴」는 시 쓰기의 어려움에 대한 토로이다

어쩌다 말을 만지는 자로 태어나

말을 다스리지 못하고
말을 건너지 못하고
다가오는 말에
혹은 내뱉는 말에 걸려 넘어진다
말에 걸려 울고 웃는다

—「이 그물을 어찌하랴」 1연

1991년에 등단하여 그 다음해에 첫 시집을 내고 16년 만에 두 번째 시집을 내는 시인으로서 그간 얼마나 절치부심, 자신과의 싸움을 어렵게 전개해 왔는지를 알게 하는 시편이다. 이 정도의 세월이면 시집을 5권도 넘게 냈을 터인데 시인은 정말 조심스럽게, 돌다리를 두드리며 건너가듯 내공을 다져온 것임을 알 수 있다. 문예지도 많아져 시의 홍수 속에 살아가면서 시집도 2 · 3년에 1권씩 내는 해설자로서는 "말 앞에 엎드려/말의 현현을 겸손히 지켜볼 뿐"이라고 하는 시인의 다짐에 신선한 충격을 받는다.

3부의 시편은 거의 전부, 자신을 여성으로 인식하고 쓴 시가 아닌가 한다. 고향을 찾고 자신의 유년기를 돌아다본 시인은 이제 자기 정체성 확인 작업을 해본다. 자기 자신을 찾아가는 긴 여행길에 해설자는 동행을 한 느낌이랄까, 조심스럽게 시인의 행보를 지켜보기로 한다. 시인은 그 여행길에서 자신이 여자임을 확실히 안다. 확실히 한다. 오늘날 '페미니즘'이란 여권이나 여성성을 강하게 주장하는 정신(ism)으로 여겨지고 있다. 하지만 김정신은 '여성으로 살아간다는 것의 어려움'에 대해서는 이야기할지언정 여성해방이나 여성상위시대의 도래를 외치지 않는다. 그 대신 여성의 삶을, 여성으로서의 생을 진지하게 성찰하고 있다. 3부 제일 앞머리에 있는 시가 재미있다.

제왕절개한 저 아줌마
눈앞에서 어른거린다

자신의 왼팔 오른팔 왼다리 오른다리
등과 배를 열심히 미는
내 눈앞의 저 아줌마 기운 상처가
나를 놀라게 한다

그렇다면
내 어머니에겐 내가 상처?

—「목욕탕에서」 전문

목욕탕에서 시인은 어느 아줌마의 아랫배를 본 적이 있나 보다. 제왕절개한 아줌마의 "기운 상처"는 자기 어머니의 아랫배에도 있는 상처인가. 시인은 "그렇다면/내 어머니에겐 내가 상처?" 하고 의문을 가져본다. 시인은 "머릿속 붉은 딱지 떨어지고/알싸한 내 풍기던/신혼 초야"(「여자가 된 날들」)를 떠올려보기도 하고 자신을 태아의 상태로 돌려놓기도 한다(「뱃속에서」). 왜 세상 여행을 해보고 나서 시인은 어머니의 뱃속으로 다시 돌아가고자 하는 것일까.

허무의 신발 신고
이 세상 바닥 헤매며
이 나라 저 도시 돌아다니던 동안
세상이라는 병원을 보았네
한겨울 모시 적삼 누더기옷 걸쳐
구름으로 바람으로
미로 같은 복도를 떠돌다
드러누운 곳은
무서운 심연,
되돌아간
어머니의 뱃속이었어

—「뱃속에서」 전반부

'세상' 이란 곳을 '병원' 으로 인식했기 때문이다. 그것도 한겨울 모시 적삼 누더기옷을 입고 미로 같은 복도를 떠돈다고 했으니 마치 바리데기의 여행담 같다. 화자의 세상살이는 고난의 연속이었다. 그래서 아무런 고통 없이 어머니의 자궁 속에 있던 시절로 돌아가고 싶은 욕구가 솟구쳤고, 상상 속에서나마 그곳으로 가보게 된 것이 아닐까. 하지만 당도하고 보니 그곳도 "무서운 심연"이다.

아직 태어나지도 않은
채 완성되지도 않은
내 눈에 보이는 것은

정육점에 걸려 있는 고깃덩어리
오, 눈 감아도 끝없이 들려오는
세상을 도마 치는 소리
탄생 자체가 비극인 세상
짐승의 살점 사이 비계를 도려내고
손님에게 건네는 동안
무수히 흘린
내 안의 상처들

—「뱃속에서」 후반부

불가에서 말하지 않던가. 인생은 고해苦海라고. "탄생 자체가 비극인 세상"에서 화자는 정육점에 걸려 있는 고깃덩어리를 보고, 또 주인이 살점 사이 비계를 도려내는 것을 보고 "무수히 흘린/내 안의 상처들"을 확인한다. 그만큼 이 땅에서 한 명 여성으로 살아가기가 어렵다는 뜻일 터. 이 상처는 개인적인 것이면서도 보편적인 것이다. "세상은 아름다운 눈으로 보면 아름답"(「화투 속에 숨겨진 발톱」)다고 했지만 이 땅에서 누대로 여성은 이리 치이고 저리 내몰렸다. 부부관계도 요철(凹凸)의 관계이면 얼마나 바람직하랴만, 아직도 우리 사회는 여성의 권익보다 남자의 권위를 상위개념으로 두는 경우가 많다. 여성으로서의 자의식은 어머니의 등에 대한 예찬으로 이어진다.

당신의 구부정한 어깨에 세상이 내려앉고 구불구불 걸어온
진창길 발밑에선 흐드러진 복사꽃잎들 고통의 합창 소리 들려오

고 그 꽃잎 하나 갈무리하지 못해 온 땅을 배회하는 자 있습니다

—「당신의 등」 부분

세상의 무게가 어머니의 등을 구부정하게 했다. 하지만 어머니의 등은 넓고 따뜻하다. 그 등에 업혀 있는 아가는 행복하기만 하다. "겹겹 어둠에 싸인 빛도 천만 근의 힘으로 어둠의 무게를 밀어내려는 아가의 조막손으로 등을 타고 세상을 오르려"고 한다. 여성성을 도전적이거나 호전적으로 다뤄져온 우리 시단에서 「당신의 등」이나 「화투 속에 숨겨진 발톱」 같은 작품은 소담한 수확물에 속한다고 평가할 수 있겠다.

4부의 시는 거의 전부 시인의 병상일기나 투병기가 아닌가 싶다. 인간의 생로병사에 대한 깊은 성찰이 전개되는 4부의 시는 이번 시집에서 가장 무거운 내용을 담고 있다. 어떤 시는 철학적 깊이를 지니고 있고 어떤 시는 절망의 끝에서 불러보는 아픈 노래이다. 아픈 노래란 달리 말해 신음소리이다.

내가 이 땅에서 사는 이유는
육체의 가시,
병든 몸 하나 가지고
세상과 싸우고
나 자신과 싸울 일 때문이다

—「내가 세상을 사는 이유」 후반부

시인이 생각하기에 자신의 몸은 "육체의 가시"일 뿐이다. 그래서 아프다. 병든 몸 하나 가지고 세상과 싸우고 나 자신과 싸운다는 것은 얼마나 힘들고 고통스러운 일인가. 하지만 이 세상 어느 누군들 아프지 않으랴. 이 점, 시인이 잘 알고 있다. 우리는 모두 아픈 동시대인인 것이다. 이승에 머물러 있는 한 고통의 십자가를 내려놓을 수 없는 것이 인간의 운명이다. 「뇌파검사」「병상이 있는 세 개의 풍경」「두통」처럼 제목부터 병고를 연상시키는 것도 있지만 죽음을 새 생명 탄생의 단서로 인식하고 쓴 다음 시에 주목하지 않을 수 없다.

바닥마저 없는 심연 속에서
아가리 벌려 날름대는 무無의 빛깔,
누더기 속의 병든 육체여
그 끝에서 검은 신神의 죽음을 피운
무無꽃,
아무도 들여보내지 마
검은 우울빛이 잉태한
거울 속의 내 사랑
그 붉은 이름 뽑어 올리고 싶어

—「튤립」 후반부

뭇 생명체의 생로병사를 인간이 관장할 수는 없다. 유한자인 인간은 부여받은 그 목숨을 갖고 살아갈 뿐이다. 무의 빛깔, 누더기 속의 병든 육체, 검은 신의 죽음 등 부정적인 이미지가 쭉

나열된 이후 검은 우울빛이 잉태한 거울 속의 내 사랑, 그 붉은 이름을 뽑어 올리고 싶다는 결구가 있어 안도의 한숨을 내쉰다. 우리는 모두 때가 되면 다 느닷없이 죽거나 병이 깊어 죽게 마련이지만 목숨을 갖고 있기에 살아보려고 하는 것이 아닌가. 그래서 "살아 꿈, 틀, 대, 는, 벌레 온몸으로 우"(「딱정벌레」)는 것이며, 돌아간 고개 바로 해주는 선생님의 손이 고마워 자신도 모르게 눈물을 흘리는 것이 아니겠는가(「내 슬픔과 놀아주는」). 4부는 몸 아픈 자신뿐만 아니라 생명체의 생명의식 고양을 위한 시인의 노력이 집중되어 있는 부분이다.

5부의 시는 시인의 해외 여행기라고 할 수 있다. 백두산 여행의 결과물인 「북방의 시」를 제외한 나머지 4편은 모두 일본이 무대이다. 이 가운데 특별히 눈길을 끄는 시는 원폭 투하지 나가사키를 다녀와서 쓴 「삐딱한 우울」로, 7만 5천 명을 불바다 속으로 집어넣은 인간의 마성魔性에 대한 진단이다. '옆집에 사는 그 여자'의 영상에 원자병으로 고통을 받고 있는 한 여자를 오버랩시켜 진행되는 이 시의 분위기는 대단히 암울하다. 이 시의 분위기를 조금이나마 상쇄해주는 시가 「침묵 속의 성당」이다. 이 작품은 신성神性과 신성神聖을 암시하고 있는데, 암시만 하고 있을 뿐이어서 다소 아쉽다. "나는 고아라는 인식"에서 시인을 건져줄 존재는 시詩일까 신神일까. 그것은 3시집에 가서 확인할 수밖에 없을 것 같다. 시인의 자기 자신을 찾아가는 기나긴 여정에 동행하면서 써 내려간 동행의 기록은 여기까지이다.